欽定四庫全書　　集部十

山谷詞　　詞曲類一　詞集之屬

提要

臣等謹案山谷詞一卷宋黄庭堅撰庭堅有全集别著録此其别行之本也宋史藝文志載庭堅樂府二卷馬端臨經籍考載山谷詞一卷世傳庭堅詞有琴趣外篇二卷當即是此一卷耳陳振孫書録解題於晁無咎詞條

下引補之語曰今代詞手惟秦七黃九他人不能及也山谷詞條下又引補之語曰魯直間作小詞固高妙然不是當行家語自是著腔子唱好詩二說自相矛盾今考其詞如沁園春望遠行千秋歲第二首江城子第二首兩同心第二首第三首少年心第一首第二首醜奴兒第二首鼓笛令第四首好事近第三首皆褻諢不可名狀至於鼓笛令第三首

之用艖字第四首之用㞋字皆字書所不載尤不可解不止補之所云不當家已也顧其佳者則妙脫蹊徑迥出慧心觀其兩同心第二首與第三首玉樓春第一首與第二首醉蓬萊第一首與第二首皆改本與初本並載則當時以其名重不問美惡而一槩收拾故至於是固宜分別觀之矣陸游老學庵筆記辨其念奴嬌詞老子平生江南江北愛聽臨

風笛句俗本不知其蜀中方音改笛為曲以
叶竹音今考此本仍作笛字則猶舊本之未
經竄亂者矣乾隆四十四年三月恭校上

總纂官臣紀昀臣陸錫熊臣孫士毅

總校官臣陸費墀

山谷詞

宋 黄庭堅 撰

沁園春

把我身心為伊煩惱算天便知恨一回相見百方做計未能偎倚早覓東西鏡裏拈花水中捉月覷著無由得近伊添憔悴鎮花銷翠減玉瘦香肌　奴兒又有行期你去即無妨我共誰向眼前常見心猶未足怎生禁得

真箇分離地角天涯我隨君去掘井為盟無改移君須
是做些兒相度莫待臨時

惜餘歡 茶詞

四時美景正年少賞心頻啟東閣芳酒載盈車喜朋侶
簪合杯觴交飛勸酬獻正酣飲醉主公陳榻坐來爭奈
玉山未頹興尋巫峽　歌闌旋燒絳蠟況漏轉銅壺煙
斷香鴨猶整醉中花借纖手重插相將扶上金鞍騕褭
碾春焙願少延歡洽未須歸去重尋艷歌更留時霎

水龍吟　黔守曹伯達供備生日

早秋明月新圓漢家戚里生飛將青驄寶勒綠沉金鎖曾隨天仗種德江南宣威西夏合宮陪享況當年定計昭陵與子勳勞在諸公上　千騎風流年少暫淹留莫孤清賞平坡駐馬虛弦落雁思臨虜帳遍舞摩圍遞歌彭水拂雲驚浪看朱顏綠鬢封侯萬里寫凌煙像

看花迴　茶詞

夜永蘭堂醺飲半倚頹玉爛熳墜鈿墮履是醉時風景

花暗燭殘歡意未闌舞燕歌珠成斷續催茗飲旋煮寒泉露井瓶竇響飛瀑　纖指緩連環動觸漸泛起滿甌銀粟香引春風在手似粵嶺閩溪初采盈掬暗想當時探春連雲尋篁竹怎歸得鬢將老付與盃中綠

念奴嬌 八月十八日同諸生步自永安城樓過張寬夫園待月偶有名酒因以金荷酌衆客

客有孫彥立善吹笛援筆作樂府長短句文不加點

斷虹霽雨淨秋空山染修眉新綠桂影扶疎誰便道今夕清輝不足萬里青天嫦娥何處駕此一輪玉寒光零

亂為誰偏照醽渌　年少隨我追涼晚尋幽徑遶張園森木醉倒金荷家萬里難得罇前相屬老子平生江南江北最愛臨風笛孫郎微笑坐來聲噴霜竹

晝夜樂

夜深記得臨岐語說花時歸來去教人每日思量到處與誰分付其奈冤家無定據約雲朝又還雨莫將淚入鴛衾總不成行步　元來也解知思慮一封書深相許情知玉帳堪歡為向金門進取直待腰金拖紫後有夫

人縣君相與爭奈會分疎沒嫌伊門路

逍遙樂

春意漸歸芳草故國佳人千里信沉音杳雨潤煙光晚景澄明極目危欄斜照夢當年少對樽前上客鄒枚小鬟燕趙共舞雪歌塵醉裏談笑　花色枝枝爭好鬢絲年年漸老如今遇風景空瘦損向誰道東君幸賜與天幕翠遮紅遶休休醉鄉岐路華胥蓬島

雨中花慢 送彭文思使君

政樂中和夷夏宴喜官梅乍傳消息待新年歡計斷送
春色桃李成陰甘棠少訟又移旌戟念畫樓朱閣風流
高會頓冷談席　西州縱有舞裙歌板誰共茗邀棋敵
歸來未先霑離袖管絃催滴樂事賞心易散良辰美景
難得會須醉倒玉山扶起更傾春碧

醉蓬萊

對朝雲靉靆莫雨霏微翠峯相倚巫峽高唐鎖楚宮佳
麗畫戟移春靚粧迎馬向一川都會萬里投荒一身弔

影成何歡意　盡道黔南去天尺五望極神州萬重煙水樽酒公堂有中朝佳士荔頰紅深麝臍香滿醉舞裀歌袂杜宇催人聲聲到曉不如歸是

又　竄易前詞

對朝雲靉靆莫雨霏微翠峯相倚巫峽高唐鎖楚宮佳麗醮水朱門半空霜戟自一川都會蠻酒千杯夷歌百轉迫人垂淚　人道黔南去天尺五望極神京萬種煙水懸榻相迎有風流千騎荔臉紅深麝臍滿香醉舞裀

歌袂杜宇催人聲聲到曉不如歸是

滿庭芳 咏茶 或刻蘇子瞻 舊刻六首 攷北苑春風是秦少游作刪去

北苑龍團江南鷹爪萬里名動京關碾輕羅細瓊蘂暖生煙一種風流氣味如甘露不染塵凡纖纖捧氷甆瑩玉金縷鷓鴣斑　相如方病酒銀瓶蟹眼波怒濤翻為扶起罇前醉玉頽山飲罷風生兩腋醒魂到明月輪邊歸來晚文君未寢相對小窻前

又 雪中戲呈友人 或刻惜香樂府

風力驅寒雲容呈瑞曉來到處花飛徧裝瓊樹春意到
南枝便是漁簑舊畫綸竿重橫玉低垂今宵裏香閨邃
館幽賞事偏宜　風流金馬客歌鬟醉擁馬帽斜欹問
人間何處鵬運天池且共周郎按曲音微誤首已先回
同心事丹山路穩長伴綵鸞歸

又

明眼空青忘憂萱艸翠玉閒淡梳粧小來歌舞長是倚
風光我已逍遥物外人寬道別有思量難忘處良辰美

景襟袖有餘香　鴛鴦頭白早多情易感紅蓼池塘又
須得樽前席上成雙豈子風流罪過都說與明月空牀
難拘管朝雲莫雨分付楚襄王

又

初綰雲鬟才勝羅綺便嫌柳巷花街占春才子容易託
行媒其奈風流債負煙花部不免差排劉郎恨桃花片
片流水惹塵埃　風流賢太守能籠翠羽宜醉金釵且
留取垂楊掩映廳堦直待朱幡去後從伊便窄襪弓鞋

知恩否朝雲莫雨還向夢中來

又

脩竹濃青新條淡綠翠光交映虛亭錦鴛霜鷺荷徑拾幽蘋香渡欄干屈曲 紅粧映薄綺疎櫺風清夜橫塘月滿水淨見移星 堪聽微雨過媻姍藻荇瑣碎浮萍便移轉胡牀湘簟方屏練靄鱗雲旋滿聲不斷簷響風鈴重開宴瑤池雪沁山露佛頭青

水調歌頭

瑤艸一何碧春入武陵溪溪上桃花無數枝上有黃鸝我欲穿花尋路直入白雲深處浩氣展虹蜺祇恐花深裏紅露溼人衣　坐玉石倚玉枕拂金徽謫仙何處無人伴我白螺盃我為靈芝仙艸不為絳唇丹臉長嘯亦何為醉舞下山去明月逐人歸

又

落日塞垣路風勁戛貂裘翩翩數騎閒獵深入黑山頭極目平沙千里唯見琱弓白羽鐵面駿驊騮隱隱望青

冡特地起閒愁　漢天子方鼎盛四百州玉顏皓齒深鎖三十六宮秋堂有經綸賢相邊有縱橫謀將不減翠蛾羞戎虜和樂也聖主永無憂

促拍滿路花往時有人書此詞於州東酒肆壁間愛其詞不能歌也一十年前有醉道士歌於廣陵市中羣小兒隨歌得之乃知其為促拍滿路花也俗子口傳加釀鄙語政敗其好處山谷老人為錄舊文以告深於義味者

秋風吹渭水落葉滿長安黃塵車馬道獨清閒自然爐鼎虎繞與龍盤九轉丹砂就琴心三疊蘂宮看舞胎仙

任萬釘寶帶貂蟬富貴欲薰天黃粱炊未熟夢驚殘是非海裏直道作人難袖手江南去白蘋紅蓼又尋湓浦廬山

洞仙歌 瀘守王補之生日

月中丹桂自風霜難老閱盡人間盛衰艸望中秋纔有幾日十分圓霾風雨雲表常如永晝 不得文章力白首防秋誰念雲中上功守正注意得人雄靜掃河西應難指五湖歸棹問持節馮唐幾時來看再策勳名印窠

如斗

鷰山溪

山圍江莫天鏡開晴絮斜影過梨花照文星老人星聚清樽一笑歡甚却成愁別時襟餘點點疑是高唐雨無人知處夢裏雲歸路回雁曉風清雁不來啼鴉無數心情老嬾尤物解宜人春盡也有南風好便迴帆去

又 贈衡陽妓陳湘

鴛鴦翡翠小小思珍偶眉黛斂秋波儘湖南山明水秀

俜俜嬝嬝恰近十三餘春未透花枝瘦政是愁時候尋芳載酒肯落誰人後只恐晚歸來綠成陰青梅如豆心期得處每自不隨人長亭柳君知否千里猶回首

又（至宜州作寄贈陳湘）

稠花亂蕊（一作葉）到處撩人醉林下有孤芳不怱怱成蹊桃李今年風雨莫送斷腸紅斜枝倚風塵裏不帶風塵氣微嗔又喜約略知春味江上一帆愁夢猶尋歌梁舞地如今對酒不似那回時書謾（一作罷）寫夢來空只有

相思是

又

山明水秀盡屬詩人道應是五陵兒見衰翁孤吟絕倒
一觴一詠瀟灑寄高閒松月下竹風間試想為襟抱
玉關遙指萬里天衢杳筆陣掃秋風瀉珠璣琅琅皎皎
臥龍智略三詔佐昇平煙塞事玉堂心頻把菱花照

望遠行 句尉有所眄為太守所猜蕪此生有所愛住馬湖馬湖出丁香核荔枝常以遺生故戲及之

自見來虛過却好時好日這訑尿粘膩得處煞是律據
眼前言定也有十分七八寃我無心除告佛 管人閑
底且放我快活喝便索些别茶祇待又怎不遇偎花映
月且與一班半點只怕你没丁香核

憶帝京

銀燭生花如紅豆占好事如今有人醉曲屏深借寶瑟
輕招手一陣白蘋風故滅燭教相就 花帶雨氷肌香
透恨啼烏轆轤聲曉柳岸微涼吹殘酒斷腸人依舊鏡

中銷瘦恐那人知後鎮把你來僝僽

又　贈彈琵琶妓

薄粧小靨閑情素抱著琵琶凝竚慢撚復輕攏切切如私語轉撥割朱絃一段驚沙去　萬里嫁烏孫公主對易水明妃不渡粉淚行行紅顏片片指下花落狂風雨借問本師誰斂撥當胸住

又　黔州張倅生日

鳴鳩乳燕春閑暇化作綠陰槐夏壽斝舞紅裳睡鴨飄

香麝醉此洛陽人佐郡深儒雅　況坐上玉麟金馬更莫問鶯老花謝萬里相依千金為壽未厭玉燭傳清夜不醉欲言歸笑殺高陽社

撼庭竹 宰太和日吉州城外作

嗚咽南樓吹落梅聞鴉樹驚飛夢中相見不多時隔城今夜也應知坐久水空碧山月影沈西　買箇宅兒住著伊剛不肯相隨如今卻被天嗔你永落雞羣受雞欺空恁惡憐伊風日損花枝

下水船

總領神仙侶齊到青雲岐路丹禁風微咫尺諦聞天語盡榮遇看即如龍變化一擲靈梭風雨　真遊處上苑尋春去芳艸芊芊迎步幾曲笙歌櫻桃豔裏歡聚瑶觴舉回祝堯齡萬萬端的君恩難負

歸田樂引

莫雨濛堦砌漏漸移轉添寂寞點點心如碎怨你又戀你恨你惜你畢竟教人怎生是　前歡算未已奈向如

今愁無計為伊聰俊銷得人憔悴這裏誚睡裏誚睡裏
夢裏心裏一向無言但垂淚

又

對景還銷瘦被箇人把人調戲我也心兒有憶我又喚
我見我嗔我天甚教人怎生受　看承幸廝勾又是樽
前眉峯皺是人驚怪冤我忒撋就拚了又捨了一定是
這回休了及至相逢又依舊

離亭燕次韻酋黎功略見寄

十載樽前談笑天祿故人年少可是陸沉英俊地看即鎖窗批詔此處忽相逢潦倒禿翁同調　西顧郎官湖渺東看庾樓人小短艇絕江空悵望寄得詩來高妙夢去倚君傍胡蝶歸來清曉

千秋歲　少游得謫嘗夢中作詞云醉卧古藤陰下了不知南北竟以元符庚辰死於藤州光華亭上崇寧甲申庭堅竄宜州道過衡陽覽其遺墨始追和其千秋歲詞

苑邊花外記得同朝退飛騎軋鳴珂碎齊歌雲繞扇趙舞風回帶嚴鼓斷杯盤狼藉猶相對　灑淚誰能會醉

卧藤陰葢人已去詞空在兔園高宴悄虎觀英遊改重
感慨波濤萬頃珠沈海

又

世間好事恰恁厮當對乍夜永涼天氣雨稀簾外滴香
篆盤中字長入夢如今見也分明是　歡極嬌無力玉
軟花欹墜釵罥袖雲堆臂燈斜明媚瞢汗浹瞢騰醉奴
奴睡奴奴睡也奴奴睡

江城子 憶別

畫堂高會酒闌珊倚欄干霎時間千里關山常恨見伊難及至而今相見了依舊似隔關山　倩人傳語問平安省愁煩淚休彈哭損眼兒不似舊時單尋得石榴雙葉子憑寄與插雲鬟

又

新來曾被眼奚搐不甘伏怎拘束似夢還真煩亂損心曲見面暫時還不見看不足惜不足　不成歡笑不成哭戲人目遠山戲有分看伊無分共伊宿一貫一文蹺

十貫千不足萬不足

兩同心

巧笑眉顰行步精神隱隱似朝雲行雨弓弓樣羅韈生塵樽前見玉檻彫籠堪愛難親　自言家住天津生小從人恐舞罷隨風飛去顧阿母教窣珠裙從令去唯顧銀缸莫照離罇

又

一笑千金越樣情深曾共結合歡羅帶終願効比翼紋

禽許多時靈利惺惺驀地昏沉　自從官不容針直至而今你共人女邊著子爭知我門裏挑心記攜手小院回廊月影花陰

又

秋水遥岑粧淡情深儘道教心堅穿石更說甚官不容針霎時間雨散雲歸無處追尋　小樓朱閣沉沉一笑千金你共人女邊著子爭知我門裏挑心最難忘小院回廊月影花陰

少年心

對景惹起愁悶染相思病成方寸是阿誰先有意阿誰薄倖斗頓恁少喜多嗔　合下休傳音問你有我我無你分似合歡桃核真堪人恨心兒裏有兩箇人人

又 添字

心裏人人暫不見霎時難過天生你要憔悴我把心頭從前鬼著手摩挲抖擻了百病銷磨　見說那廝脾鱉熱大不成我便與拆破待來時鬲上與廝噷則箇溫存

著且教推磨

青玉案 至宜州次韻上酬七兄

煙中一線來時路極目送歸鴻去第四陽關雲不度山胡新囀子規言語正在人愁處　憂能損性休朝莫憶我當年醉時句舊詩云我自只如常日醉滿川風月替人愁　渡水穿雲心已許暮年光景小軒南浦同捲西山雨

又 寅菴解薛寶宰作令附此

行人欲上來時路破曉霧輕寒去隔葉子規聲暗度十

分酒滿舞裀歌袖沾夜無尋處　故人近送旌旗暮但聽陽關第三句欲斷離腸餘幾許滿天星月看人憔悴燭淚垂如雨

喝火令

見晚情如舊交疏分已深舞時歌處動人心煙水數年魂夢無處可追尋　昨夜燈前見重題漢上襟便愁雲雨又難尋曉也星稀曉也月西沈曉也雁行低度不會寄芳音

品令 送黔守曹伯達供備

敗葉霜天曉漸鼓吹催行棹裁成桃李未開便解銀章歸去取麒麟圖畫要及年少　勸君醉倒別語怎醒時道楚山千里莫雲鎮鎖離人懷抱記取江州司馬座中最老

又 茶詞

鳳舞團團餅恨分破教孤令金渠體淨隻輪慢碾玉塵光瑩湯響松風早減了二分酒病　味濃香永醉鄉路

成佳境恰如燈下故人萬里歸來對影口不能言心下快活自省

漁家傲 予嘗戲作詩云大葫蘆挈小葫蘆惱亂檀那得便沽每到夜深人靜後小葫蘆入大葫蘆又云大葫蘆乾枯小葫蘆行沽一往金僊宅一往黃公壚有此通大道無此令人老不問惡與好兩葫蘆俱倒或請以此意倚聲律作詞使人歌之為作漁家傲

踏破草鞋參到老等閒拾得衣中寶遇酒逢花須一笑重年少俗人不用嗔貧道　是處青旗誇酒好醉鄉路上多芳艸提著葫蘆行未到風落帽葫蘆却纏葫蘆倒

又　江寧江口阻風戲効寶寧勇禪師作古漁家傲王環中云廬山中人頗欲得之試思索始記四篇

萬水千山來此土本提心印傳梁武對朕者誰渾不顧成死語江頭暗折長蘆渡　面壁九年看二祖一花五葉親分付隻履提歸葱嶺去君知否分明忘却來時路

又

三十年來無孔竅幾回得眼還迷照一見桃花參學了呈法要無絃琴上單于調　摘葉尋枝虛半老拈花特

地重年少今後水雲人欲曉非玄妙靈雲合破桃花笑

又

憶昔藥山生一虎華亭船上尋人渡散却夾山拈坐具呈見處繫驢橛上合頭語　千尺垂絲君看取離鉤三寸無生路驀口一橈親子父猶回顧瞎驢喪我兒孫去

又

百丈峯頭開古鏡馬駒踏殺重蘇醒接得古靈心眼淨光烱烱歸來藏在袈裟影　好箇佛堂佛不聖祖師沉

醉猶看鏡却與斬新提祖令方猛省無聲三昧天皇餅

醜奴兒

得意許多時長醉賞月下花枝暴風急雨年年有金籠鎖定鶯雛燕友不被雞欺　紅旆轉逶迤悔無計千里追隨再來重綰瀘南印而今目下恓惶怎向日永春遲

又

濟楚好得些憔悴損都是因它那回得句閑言語傍人盡道你管又還鬼那人唦　得過口兒嘛直勾得風了

自家是即好意也毒害你還甜殺人了怎生申報孩兒

定風波 次高左藏使君韻

萬里黔中一漏天屋居終日似乘船及至重陽天也霽催醉鬼門關近蜀江前　莫笑老翁猶氣岸君看幾人白髮上華顛戲馬臺前追兩謝馳射風情猶拍古人肩

又

把酒花前欲問溪問溪何事晚聲悲名利往來人盡老誰道溪聲今古有休時　且共玉人斟玉醑休訴笙歌

一曲黛眉低情似長溪長不斷君看水聲東去月輪西

又

小院難圖雲雨期幽歡渾待賞花時到得春來君却去相誤不須言語淚雙垂　密約罇前難囑付偷顧手搓金橋斂雙眉庭榭清風朙月媚須記歸時莫待杏花飛

又 次左藏韻

自斷此生休問天白頭波上泛膠船老去文章無氣味憔悴不堪驅使菊花前　聞道使君攜將吏高會參軍

吹帽晚風顛千騎挿花秋色莫歸去翠娥扶入醉時肩

又

晚歲鹽州聞荔枝赤英垂墜壓欄枝萬里來逢芳意歇愁絕滿盤空憶去年時　潤州山花光照座春過等閒枯李又纍纍辜負寒泉浸紅皺銷瘦有人花病損香肌

又

准擬指前摘荔枝今年歇盡去年枝莫是春光廝料理無比譬如痎瘧有休時　碧甃朱欄情不淺何晚來年

枝上報纍纍雨後園林坐清影蘇醒紅裳剝盡看香肌

又

上客休辭酒淺深素兒歌裏細聽沉粉面不須歌扇掩閒靜一聲一字總關心　花外黃鸝能密語休許有花能得幾時斟畫作遠山臨碧水明媚夢為胡蝶去登臨

又　客有兩新鬟善歌者請作送湯曲因戲前二物

歌舞闌珊退晚粧主人情重更留湯冠帽斜欹辭醉去邀定玉人纖手自磨香　又得樽前聊笑語如許短歌宜舞小紅

裳寶馬促歸朱户閉一云醉裏還家明亦未人睡夜來應恨月侵床

河傳

有士大夫家歌秦少游瘦殺人天不管之曲以好字易瘦字戲為之作

心情老嬾對歌對舞猶是當時眼巧笑靚粧近我衰容華鬢似扶著賣卜算　思量好箇當年見催酒催更只怕歸期短飲散燈稀背鎖落花深院好殺人天不管

撥棹子

歸去來歸去來攜手舊山歸去來有人共對月樽罍橫一琴甚處逍遥不自在　閒世界無利害何必向世間

甘幻愛與君釣晚煙寒瀨蒸白魚稻飯溪童供筍菜

蝶戀花

海角芳菲留不住筆下風生吹入青雲去仙籍有名天賜與致君事業安排取　要識世間平坦路當使人人各有安身處黑髮便逢堯舜主笑人白首耕南畝

步蟾宮

蟲兒真箇惡靈利惱亂得道人眼起醉歸來恰似出桃源但目斷落花流水　不如隨我歸雲際共作箇住山

活計照清溪匀粉面插山花算終勝風塵滋味

踏莎行 茶詞

畫鼓催春蠻歌走餉火前一焙爭春長低株摘盡到高株高株別是閩溪樣 碾破春風香凝午帳銀瓶雪滾翻匙浪今宵無睡酒醒時摩圍影在秋江上

又

臨水夭桃倚牆繁李長楊風掉青驄尾樽中有酒且酬春更尋何處無愁地 明日重來落花如綺芭蕉漸展

山公啓欲將心事寄天公教人長壽花前醉

醉落魄 舊刻五調攻蒼顏華髮是東坡作刪去舊有一曲云醉醒醒醉憑君會取這滋味濃斟琥珀香浮蟻一入愁腸便有陽春意須將幕席為天地歌前起舞花前睡從它兀兀陶陶裏猶勝醒醒惹得閒憔悴此曲亦有佳句而多釜鑿痕又語高下不甚入律或傳是東坡語非也與蝸角虛名解下癡條之曲相似疑是王仲父作因戲作二篇呈吳元祥黃中行似能厭道二公意中事

陶陶兀兀樽前是我華胥國爭名爭利休休莫雪月風花不醉怎歸得 邯鄲一枕誰憂樂新詩新事因閒適東山小妓攜絲竹家裏樂天村裏謝安石 石曼卿自嘲云村裏黃繙綽家中白侍郎

又

陶陶兀兀人生無累何由得杯中三萬六千日悶損旁觀我但醉落托　扶頭不起還頹玉日高春睡平生足誰門可款新篘熟安樂春泉玉醴荔枝綠親賢宅四酒名

又老夫止酒十五年矣到戎州恐為瘴癘所侵故晨舉一盃不相察者乃強見酌遂能作病因復止酒用前韻作二篇呈吴元祥

陶陶兀兀人生夢裏槐安國教公休醉公但莫盞倒垂蓮一笑是贏得　街頭酒賤民聲樂尋常行處逢歡適

醉看簷雨森銀燭我欲憂民渠有二千石

又

陶陶兀兀醉鄉路遠歸不得心情那似當年日割愛金荷一盌淡不拓 異鄉薪桂炊香玉摩挲經筍須知足明年小麥能秋熟不管經霜點盡鬢邊綠

玉樓春 當塗解印後一日郡中置酒呈郭功甫

凌歊臺上青青麥姑孰堂前餘翰墨暫分一印管江山稍為諸公分皂白 江山依舊雲空碧昨日主人今日

客誰分賓主强惺惺問取磯頭新婦石

又 竄易前詞

翰林本是神仙謫落帽風流傾座席坐中還有賞音人能岸烏紗傾大白 江山依舊雲横碧昨日主人今日客誰分賓主强惺惺問取磯頭新婦石

又 次前韻再呈功甫

青壺乃似壺中謫萬象光輝森宴席紅塵鬧處便休休不是箇中無皂白 歌頻舞倦朱成碧春艸池塘凌謝

客共君商略老生涯歸種玉田秧白石

又庚元鎮四十兄庭堅四十年翰墨故人庭堅假守當塗元鎮窮不出入州縣席上作樂府長句勸酒

庾郎三九常安樂便有萬錢無處著徐熙小鴨水邊花明月清風都占却 朱顏老盡心如昨萬事休休休莫莫樽前見在不饒人歐舞梅歌君更酌歐梅當時二妓也

又用前韻贈郭功甫

少年得意從軍樂晚歲天教閒處著功名富貴久寒灰翰墨文章新諱却 是非不用分今昨雲月孤高公也

莫喜歡為地醉為鄉飲客不來但自酌

又

風開氷面魚紋皺暖入芳心犀點透乍看晴日弄柔條

憶得章臺人姓柳　心情老大癡成就不復淋浪沾翠袖早梅獻笑尚窺鄰小蜜竊香如遺壽

又

東君未試雷霆手灑雪開春春鎖透帝臺應點萬年枝

窮巷偏欺三徑柳　峯排羣玉森相就中有摩圍為領

袖凝香窗下與誰看一曲琵琶千萬壽

又

新年何許春光漏小院閒門風日透酥花入座頗欺梅雪絮因風全是柳　使君落筆春詞就應喚歌檀催舞袖得開眉處且開眉人世可能金石壽

又

黃金捍撥春風手簾幕重重音韻透梅花破蕚便春回似有黃鸝鳴翠柳　曉粧未愜梅添就玉笋捧杯離細

袖會拚千日笑樽前它日相思空損壽

又

黔中士女遊晴晝花信輕寒羅綺透爭尋穿石道宜男更買江魚雙貫柳　竹枝歌好移船就依倚風光垂翠袖滿傾蘆酒指摩圍相守與郎如許壽

又

可憐翡翠隨雞走學綰雙鬟年紀小見來行待惡憐伊心性嬌癡空解笑　紅蕖照映霜林來揚柳舞腰風嫋

嫋衾餘枕賸儘相容只是老人難再少

虞美人 舊刻三調攷波聲拍枕長淮曉是子瞻作刪去 至當塗呈郭功甫

平生本愛江湖住鷗鷺無人處江南江北水雲連莫笑醯雞歌舞甕中天　當塗艤棹蒹葭外賴有賓朋在此身無路入修門慚愧詩翁清些與招魂

人 宜州見梅作

天涯也有江南信梅破知春近夜闌風細得香遲不道曉來開遍向南枝　玉臺弄粉花應妒飄到眉心住平

生箇裏願盃深去國十年老盡少年心

南鄉子 重九日涪陵作示知命弟

落帽晚風回又報黃花一番開扶杖老人心未老咍哉謾有才情付與誰　芳意正徘徊傳語西風且慢吹明日餘樽還共倒重來未必秋香一夜衰

又 今年重九知命已向成都感之復次前韻

招喚欲千回暫得樽前笑口開萬水千山還麼去悠哉酒向黃花欲醉誰　顧影且徘徊立到斜風細雨吹見

我未衰容易去還來不道年年即漸衰

又

未報賈船回三徑荒鋤菊臥開想得鄰舟野笛罷沾衣

不為涪翁更為誰　風力嫋萸枝酒面紅鱗愜細吹莫

笑插花和事老摧頽却向人間耐盛衰

又

黃菊滿東籬與客攜壺上翠微已是有花兼有酒良期

不用登臨上落暉　滿酌不須辭莫待無花空折枝寂

賓酒醒人散後堪悲節去蜂愁蝶不知

又　重陽日寄懷永康彭道微使君用東坡韻

臥稻雨餘收處處遊人簇遠洲白髮又扶紅袖醉戎州亂摘黃花插滿頭　青眼想風流畫出西樓一檻秋却憶去年歡意舞梁州塞雁西來特地愁

又　重陽日宣州城樓宴集即席作

諸將說封侯短笛長歌獨倚樓萬事盡隨風雨去休休戲馬臺南金絡頭　催酒莫遲留酒味今秋似去秋花

向老人頭上笑羞羞白髮簪花不解愁

鵲橋仙 次東坡七夕韻

八年不見清都絳闕望銀漢溶溶漾漾（銀一作河）年年牛女恨風波算此事人間天上 野麋豐艸江鷗遠水老夫唯便疎放百錢端往問君平早晚具歸田小舫

又 席上賦七夕詞

朱樓彩舫浮瓜沉李報畣春風有幾一年樽酒暫時同別淚作人間曉雨 鴛鴦機綜能令儂巧也待乘槎仙

去若逢海上白頭翁共一訪癡牛騃女

鷓鴣天

或刻蘇子瞻但山邊白鳥作山前白鷺如今更有作于今尚有底事作欲避

玄真子詠漁父云西塞山邊白鷺飛桃花流水鱖魚肥青蒻笠綠蓑衣斜風細雨不須歸東坡嘗以浣溪沙歌之矣表弟李如篪云以鷓鴣天歌之更叶音律但少數句耳因以玄真子遺事足之憲宗時畫玄真子像訪之江湖不可得因令集其歌詩上之玄真之兄松齡懼玄真放浪而不返也和答其漁父云樂在風波釣是閒艸堂松桂已勝攀太湖水洞庭山狂風浪起且須還此余續成之意也

西塞山邊白鳥飛桃花流水鱖魚肥朝廷尚覓玄真子何處如今更有詩　青蒻笠綠蓑衣斜風細雨不須歸

人間底事風波險一日風波十二時

又 重九日集句

塞雁初來秋影寒霜林風過葉聲乾龍山落帽千年事我對西風猶整冠 蘭委佩菊堪飡人情時事半悲歡但將酩酊酬佳節更把茱萸仔細看

又 坐中有眉山隱客史應之和前韻即席答之

黄菊枝頭生曉寒人生莫放酒杯乾風前橫笛斜吹雨醉裏簪花倒著冠 身健在且加飡舞裙歌板盡情歡

黃花白髮相牽挽付與旁人冷眼看

又 明日獨酌自嘲呈史應之

萬事令人心骨寒故人墳上土新乾淫坊酒肆閒居士李下何妨也整冠　金作鼎玉為湌老來亦失少時歡茱萸菊蘂年年事十日還將九日看

又

紫菊黃花風露寒平沙戲馬雨聲乾且看欲盡花經眼依說彈冠與整冠　甘酒病廢朝湌何人得似醉中歡

十年一覺揚州夢為報時人洗眼看

又

節去蜂愁蝶不知曉庭環繞折殘枝自然今日人心別
未必秋香一夜衰　無閒事即芳期菊花須插滿頭歸
宜將酩酊酬佳節不用登臨送落暉

又

聞說君家有翠蛾施朱施粉總嫌多背人語處藏珠履
覷得羞時整玉梭　拖遠岫壓橫波何時傳酒更傳歌

為君寫就黄庭了不要山陰道士鵝

又　吉祥長老設長松湯為作有僧病痂癩嘗死金剛窟有人見者教服長松湯遂復為完人

湯泛氷甆一坐春長松林下得靈根吉祥老子親拈出箇箇教成百歲人　燈焰焰酒醺醺壑源曾未破醒魂與君更把長生盌略為清歌駐白雲

鼓笛令　戲詠打揭

酒闌命友閑為戲打揭兒非常愜意各自輸贏只賭是賞罰采分明須記　小五出來無事却跋翻和九底若

要十一花下死那管十三不如十二

又

寶犀未解心先透惱殺人遠山微皺意淡言疎情最厚枉教作著行官柳　小雨勒花時候抱琵琶為誰清瘦翡翠金籠思珍偶忍拚與山雞僝僽

又

見來兩兩寧寧地眼廝打過如拳踢恰得甞些些香甜底苦殺人遭誰調戲　臘月望州坡上地凍著你影䠣村

鬼你但那些〻一處睡燒沙糖管好滋味

又

見來便覺情於我廝守著新來好過人道他家有婆婆與一口管教屎磨　副靖傳語木大鼓兒裏且打一和更有些〻兒得處囉燒沙糖香藥添和

浪淘沙 荔枝

憶昔謫巴蠻荔子親攀冰肌照映柘枝冠日擘輕紅三百顆一味甘寒　重入鬼門關也似人間一雙和葉插

雲鬟賴得清湘燕玉面同倚闌干

留春令

江南一雁橫秋水嘆咫尺斷行千里回紋機上字縱橫欲寄遠憑誰是　謝客池塘春都未微微動短牆桃李半陰纔暖却清寒是瘦損人天氣

南歌子

槐綠低窗暗榴紅照眼明玉人邀我少留行無奈一帆煙雨畫船輕　柳葉隨歌皺梨花與淚傾別時不似見

時情今夜月明江上酒初醒

又

詩有淵明語歌無子夜聲論文思見老彌明坐想羅浮山下羽衣輕　何處黔中郡遙知隔晚晴雨餘風急斷虹橫應夢池塘春艸若為情

又　東坡過楚州見淨慈法師作南歌子用其韻贈郭詩翁二首

郭大曾名我劉翁復是誰入廛能作和鑼椎特地干戈相待使人疑　秋浦橫波眼春窗遠岫眉普陀巖畔夕

陽遲何似金沙灘上放憨時

又

萬里滄江月清波說向誰鎖門須更下金椎只恐風驚艸動又生疑　金雁斜粧頰青螺淺畫眉庖丁有底下刀遲直要人牛無際是休時

望江東

江水西頭隔煙樹望不見江東路思量只有夢來去更不怕江闌住　燈前寫了書無數算沒箇人傳與直饒

尋得雁分付又還是秋將莫

一落索

誰道秋來煙景素任遊人不顧一番時態一番新到得意皆歡慕　紫萸黃菊繁華處對風庭月露愁來即便去尋芳更作甚悲秋賦

西江月　老夫既戒酒不飲遇宴集獨醒其傍坐客欲得小詞援筆為賦

斷送一生唯有破除萬事無過遠山微影蘸橫波不飲傍人笑我　花病等閒瘦惡春來沒箇遮闌杯行到手

莫留殘不道月明人散

又 茶詞

龍焙頭綱春早谷簾第一泉香已醺浮蟻嫩鵝黃想見翻匙雪浪　兔褐金絲寶盌松風蟹眼新湯無因更發次公狂甘露來從仙掌

又 崇寧甲申遇惠洪上人於湘中洪作長短句見贈云大廈吞風吐月小舟坐水眠空霧窗春色翠如葱睡起雲濤正擁往事回頭笑處此生彈指聲中玉牋佳句敏驚鴻聞道衡陽價重次韻酬之時余方謫宜陽而洪歸分寧龍安

月側金盆墮水雁回醉墨書空君詩秀色雨園葱想見衲衣寒擁　蟻穴夢魂人世楊花蹤跡風中莫將社燕等秋鴻處處春山翠重

又

別夢已隨流水淚巾猶裛香泉相如依舊是癯仙人在瑤臺閬苑　花霧縈風縹緲歌珠滴水清圓蛾眉新作十分妍去馬歸來便面

又

宋玉短牆東畔桃園落日西斜濃粧下著繡簾遮鼓笛相催清夜　轉眄驚翻長袖低徊細踏紅靴舞餘猶顫滿頭花嬌學男兒拜謝

桃源憶故人

碧天霧洗春容淨淡月曉收殘暈花上密煙飄盡花底鶯聲嫩　雲歸楚峽厭厭困兩點遙山新恨和淚暗彈紅粉生怕人來問

畫堂春 舊刻二調攷東風吹柳日初長是淮海作删去

摩圍小隱枕蠻江蛛絲閑鎖晴窗水風山影上修廊不到晚來涼　相伴蝶穿花徑獨飛鷗舞溪光不因送客下繩牀添火炷爐香

賀聖朝

脫霜披茜初登第名高得意櫻桃榮宴玉墀遊領羣仙行綴　佳人何事輕相戲道得之何濟君家聲譽古無雙且均平居二

阮郎歸 曾專文既眄陳湘歌舞便出其類學書亦進來求小楷作阮郎歸詞付之

盈盈嬌女似羅敷湘江明月珠起來綰髻又重梳弄粧仍學書　歌調態舞工夫湖南都不如它年未厭白髭鬚同舟歸五湖

又　效福唐獨木橋體作茶詞

烹茶留客駐彫鞍有人愁遠山別郎容易見郎難月斜窗外山　歸去後憶前歡畫屏金博山一盃春露莫留殘與郎扶玉山

又　茶詞

歌停檀板舞停鸞高陽飲興闌獸煙噴盡玉壺乾香分
小鳳團　雪浪淺露花圓捧甌春筍寒絳紗籠下躍金
鞍歸時人倚闌

又　茶詞

摘山初製小龍團色和香味全碾聲初斷夜將闌烹時
鶴避煙　消滯思解塵煩金甌雪浪翻只愁啜罷水流
天餘清攪夜眠

又　茶詞

黔中桃李可尋芳摘茶人自忙月團犀胯鬬圓方研膏入焙香　青箬裹絳紗囊品高聞外江酒闌傳盌舞紅裳都濡春味長都濡地名

又

退紅衫子亂蜂兒衣寬只為伊為伊去得忒多時教人直是疑　長睡晚理粧遲愁多嬾畫眉夜來筭得有歸期燈花則甚知

又

貧家春到也騷騷瓊漿注小槽老夫不出長蓬蒿隣牆開碧桃　木芍藥品題高一枝煩剪刀傳杯猶似少年豪醉紅侵雪毛

更漏子 詠餘甘湯

菴摩勒西土果霜後明珠顆顆憑玉兔擣香塵稱為席上珍　號餘甘無奈苦臨上馬時分付管回味却思量忠言君但嘗

又

體妖嬈鬟婀娜玉甲銀箏照座危柱促曲聲殘王孫帶
笑看　休休休莫莫莫愁撥箇絲中索了了了玄玄玄
山僧無盌禪

清平樂

黃花當戶已覺秋容莫雲夢南州逢笑語心在歌邊舞
處　使君一笑眉開新晴照酒樽來且樂樽前見在休
思走馬章臺

又

休推小戶看即風風光茱萸糝菊英浮盌醑親賢宅酒名報畣

風光有處　幾回笑口能開少年不肯重來借問牛山

繫馬今為誰姓池臺

又

舞鬟娟好白髮黃花帽醉任傍觀嘲潦倒扶老偏宜年

小　舞回臉玉胸酥纏頭一斛明珠日日梁州薄媚年

年金菊茱萸

又示知命

作晴秋好黃菊攲烏帽不見清談人絶倒更憶添丁小
小　蜀娘謾點花酥酒槽空滴真珠兄弟四人別住它
年同插茱萸

又

春歸何處寂寞無行路若有人知春去處喚取歸來同
住　春無蹤跡誰知除非問取黃鸝百囀無人能解因
風吹過薔薇

又

氷堂酒好只恨銀杯小新作金荷工獻巧圖要連臺㧊倒唐龍朔中子母相去連臺㧊倒俗謂杯盤為子母又盤為臺採蓮一曲清歌急檀催卷金荷醉裏香飄睡鴨更驚羅襪淩波

好事近湯詞

歌罷酒闌時瀟灑座中風色主禮到君須盡奈賓朋南北暫時分散總尋常難堪久離拆不似建溪春艸解留連佳客

又太平州小妓楊姝彈琴送酒

一弄醒心絃情在兩山斜疊彈到古人愁處有真珠承睫

使君來去本無心休淚界紅頰自恨老來憎酒負十分蕉葉

又

不見片時霎魂夢鎮相隨著因甚近新無據誤竊香深約

思量模樣忔憎兒惡又怎生惡終待共伊相見與佯佯奚落

謁金門 示知命弟

山又水行盡吳頭楚尾兄弟燈前家萬里相看如夢寐

君似成蹊桃李入我卅堂松桂莫厭歲寒無氣味餘

生吾已矣

好女兒（張寬夫園賞梅）

小院一枝梅衝破曉寒開偶到張園遊戲沾袖帶香回玉酒覆銀杯盡醉去猶待重來東鄰何事驚吹怨曲雪片成堆（曲一作笛）

又

春去幾時還問桃李無言燕子歸棲風勁梨雪亂西園唯有月嬋娟似人人難近如天願教清影常相見更乞取團圓

又

粉淚一行行啼破曉來粧嬾擊酥胷羅帶羞見繡鴛鴦擬待不思量怎奈向目下恓惶假饒來後教人見了却去何妨

減字木蘭花 登巫山縣樓作

襄王夢裏艸綠煙深何處是宋玉臺頭暮雨朝雲幾許愁 飛花漫漫不管羈人腸欲斷春水茫茫要渡南陵更斷腸

又 距施州二十里張仲謀遣騎相迎因送所和樂府來且約近郊相見復用前韻先往

使君那裏千騎塵中依約是拂我眉頭無處重尋庾信愁 山雲瀰漫夾道旌旗聯復斷萬事茫茫分付澄波與爛腸

又 巫山縣追懷老杜

巫山古縣老杜淹留情始見撥悶題詩千古神交世不知 雲陽臺下更值清明風雨夜知道愁辛果是當時作賦人

又 次韻趙文儀

詩翁才刃曾陷文場貔虎陣誰敢當哉況是焚舟決勝來

三巴春杪客館夢回風雨曉胷次崢嶸欲共濤頭赤甲平

又

蒼崖萬仞下有奔雷千百陣自古危哉誰遣西園滑磨來

猿啼雲杪破夢一聲巫峽曉苦喚愁生不是西園作麽平

又

餘寒爭令雪共臘梅相照映昨夜東風已出耕牛勸歲功　陰陰冪冪近覺去天無幾尺休恨春遲桃李梢頭次第知

又

終宵忘寐好事如何猶尚未仔細沉吟珠淚盈盈溼袖襟　與君別也願在郎心莫暫捨記取盟言聞早回程却再圓

又 丙子仲秋奉陪黔陽曹使君伯達翫月作減字木蘭花兼簡施州張使君仲謀

中秋多雨常是樽罍狼籍去今夜雲開須道姮娥得得一作特特來 不知雲外還有清光同此會笛在層樓聲徹摩圍頂上頭

又

中秋無雨醉送月銜西嶺去笑口須開幾度中秋見月來 前年江外兒女傳杯兄弟會此夜登樓小謝清吟慰白頭

又

濃陰驟雨巫峽有情來又去今夜天開不與姮娥作伴來　清光無外白髮老人心自會何處歌樓貪看氷輪不轉頭

又　丙子仲秋黔守席上客有舉岑嘉州中秋詩曰今夜鄜州月閨中只獨看遙憐小兒女未解憶長安因戲作

舉頭無語家在月明生處住擬上摩圍最上峯頭試望之　偏憐終秀苦淡同甘誰更有想見牽衣月到愁邊

總未知

又 戲畣

月中笑語萬里同依光景佳天水相圍相見無因夢見之

諸兒娟秀儒學傳家渠自有自作秋衣漸老先寒人未知

又 用前韻示知命弟

常年夜雨頭白相依無去住兒女成圍歡笑樽前月照之

阿連高秀千萬里來忠孝有豈謂無衣歲晚先寒

要弟知

訴衷情舊刻四首攷珠簾繡幕捲輕霜是六一詞刪去

小桃灼灼柳鬖鬖春色滿江南雨晴風暎煙淡天氣正醺酣　山潑黛水挼藍翠相攙歌樓酒旆故故招人權典青衫

又在戎州登臨勝景未嘗不歌漁父家風以謝江山門生請問先生家風如何為擬金華道人作此章

一波纔動萬波隨蓑笠一鉤絲金鱗政在深處千尺也

須垂 吞又吐信還疑上鉤遲水寒江淨滿目青山載

月明歸

又

旋揎玉指著紅靴宛宛鬬彎訛天然自有殊態愁黛不

須多 分遠岫壓橫波妙難過自歎枕處獨倚闌時不

奈顰何

採桑子 送彭道微使君移知永康軍

荔枝灘上留千騎桃李陰繁宴寢香殘畫戟森森鎮八

蠻　永康又得風流守管領江山少訟多閒煙靄樓臺

舞翠鬟

又

虛堂密候參同火梨棗枝繁深鎖三關不要樊姬與小

蠻　遙知風雨更闌夜猶夢巫山濃麗清閒曉鏡新梳

十二鬟

又

投荒萬里無歸路雪點鬢繁度鬼門關已擬兒童作楚

鑾　黄雲苦竹啼歸去繞茘枝山蓬戸身閑歌板誰家

教小鬟

又

馬湖來舞釵初賜笳鼓聲繁賢將開關威竦西山公詔

鑾　南溪地逐名賢重深鎖羣山燕喜公閑一斛明珠

兩小鬟

又　戲贈黄中行

宗盟有妓能歌舞宜醉樽罍待約新醅車上危坡盡要

推 西鄰三弄爭秋月邀勒春回箇裏聲催鐵樹枝頭花也開

又

夜來酒醒清無夢愁倚闌干露滴輕寒雨打芙蓉淚不乾 佳人別後音塵悄銷瘦難拚明月無端已過紅樓十二間

又

櫻桃著子如紅豆不管春歸聞道開時蜂惹香鬚蝶惹

衣　樓臺燈火明珠翠酒戀歌迷醉玉東西少箇人人
煖被擕

又

城南城北看桃李依倚年華楊柳藏鴉又是無言颭落
花　春風一面長含笑偷顧羞遮分付誰家把酒花前
試問他

歸田樂令

引調得甚近日心腸不戀家寧寧地思量他思量他兩

情各自肯甚忙　咱意思裏莫是賺人吵噷奴真箇嘚
共人嘚

卜算子

要見不得見要近不得近試問得君多少憐管不解多
於恨　禁止不得淚忍管不得悶天上人間有底愁向
箇裏都諳盡

菩薩鬘 王荊公新築艸堂於半山引入功德水作小港其上壘石作橋為集句云數間茅屋

閒臨水窄衫短帽垂楊裏花是去年紅吹開一
夜風梢梢新月偃午醉醒來晚何物最關情黃

鸝三兩聲戲
効荆公作

半煙半雨溪橋畔漁翁醉著無人喚疎嬾意何長春風花艸香　江山如有待此意陶潛解問我去何之君行到自知

又

淹泊平山堂寒食節固陵錄事參
軍表弟周元固惠酒為作此詞

細腰宮外清明雨雲陽臺上煙如縷雲雨暗巫山流人殊未還　阿誰知此意解遣雙壺至不是白頭新周郎舊可人

雪花飛

攜手青雲路穩天聲迤邐傳呼袍笏恩章乍賜春滿皇都何處難忘酒瓊花照玉壺歸嫋絲梢競醉雪舞郊衢

浣溪沙 舊刻四首攷西塞山邊白鳥飛是蘇子瞻作刪去

飛鵲臺前暈翠蛾千金新買帝青螺最難如意為情多幾處淚痕留醉袖一春愁思近橫波遠山低盡不成歌

又

一葉扁舟捲畫簾老妻學飲伴清談人傳詩句滿江南

林下猿垂窺滌硯巖前鹿卧看收帆杜鵑聲亂水如
環

又

新婦磯頭眉黛愁女兒浦口眼波秋驚魚錯認月沉鈎

青箬笠前無限事綠蓑衣底一時休斜風細雨轉船
頭

點絳唇 重九日寄懷嗣直弟時再遊涪陵用東坡餘杭九日點絳唇舊韻二首

濁酒黃花畫簾十日無秋燕夢中相見似作枯禪觀

鏡裏朱顏又減心情半江山遠登高人健寄語東飛雁

又

幾日無書舉頭欲問西來燕世情夢幻復作如斯觀

自歎人生分合常相半戎雖遠念中相見不托魚和雁

又

羅帶雙垂妙香長恁攜纖手半粧紅豆各自相思瘦

聞道伊家終日眉兒皺不能勾淚珠輕溜裛損揉藍袖

調笑令并詩

海上神仙字太真昭陽殿裏稱心人猶思一曲霓裳舞散作中原胡馬塵方士歸來說風度梨花一枝春帶雨分釵半鈿愁殺人上皇倚欄獨無語

無語恨如許方士歸時腸斷處梨花一枝春帶雨半鈿分釵親付天長地久相思苦渺渺鯨波無路

宴桃源 書趙伯充家小姬領巾 一刻淮海集畧興

去歲迷藏花柳恰恰如今時候心緒

幾曾歡赢得鏡中消瘦生
受生受更被養娘催繡

天氣把人僝僽落絮遊絲時候茶飯可曾炊鏡中赢得
消瘦生受生受更被養娘催繡

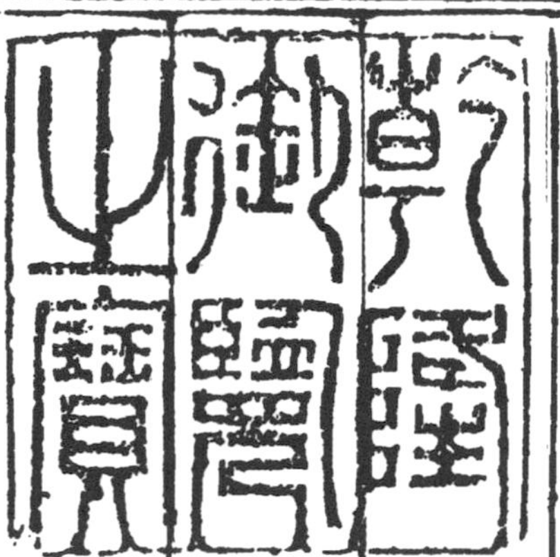

山谷詞

仿古版文淵閣四庫全書

集部・山谷詞

編纂者◆（清）紀昀　永瑢等
董事長◆施嘉明
總編輯◆方鵬程
編印者◆本館四庫籌備小組
承製者◆博創印藝文化事業有限公司

出版發行：臺灣商務印書館股份有限公司
台北市重慶南路一段三十七號
電話：(02)2371-3712
讀者服務專線：0800056196
郵撥：0000165-1
網路書店：www.cptw.com.tw
E-mail：ecptw@cptw.com.tw
網址：www.cptw.com.tw

局版北市業字第 993 號
初版一刷：1986 年 5 月
二版一刷：2010 年 10 月
三版一刷：2012 年 10 月
定價：新台幣 900 元　A7620138

國立故宮博物院授權監製
臺灣商務印書館數位製作

ISBN 978-957-05-2761-2

國家圖書館出版品預行編目 (CIP) 資料

欽定四庫全書．集部 ： 山谷詞／（清）紀昀，永瑢
等編纂．-- 三版．-- 臺北市 ： 臺灣商務，
2012. 10
面；　　公分
ISBN 978-957-05-2761-2（線裝）

1. 四庫全書

082.1　　101019490